Was steht bloß auf Angelos Eiskarte? Finde es heraus, indem du die fehlenden Vokale einträgst.

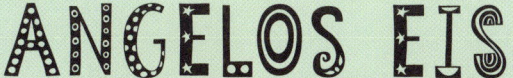

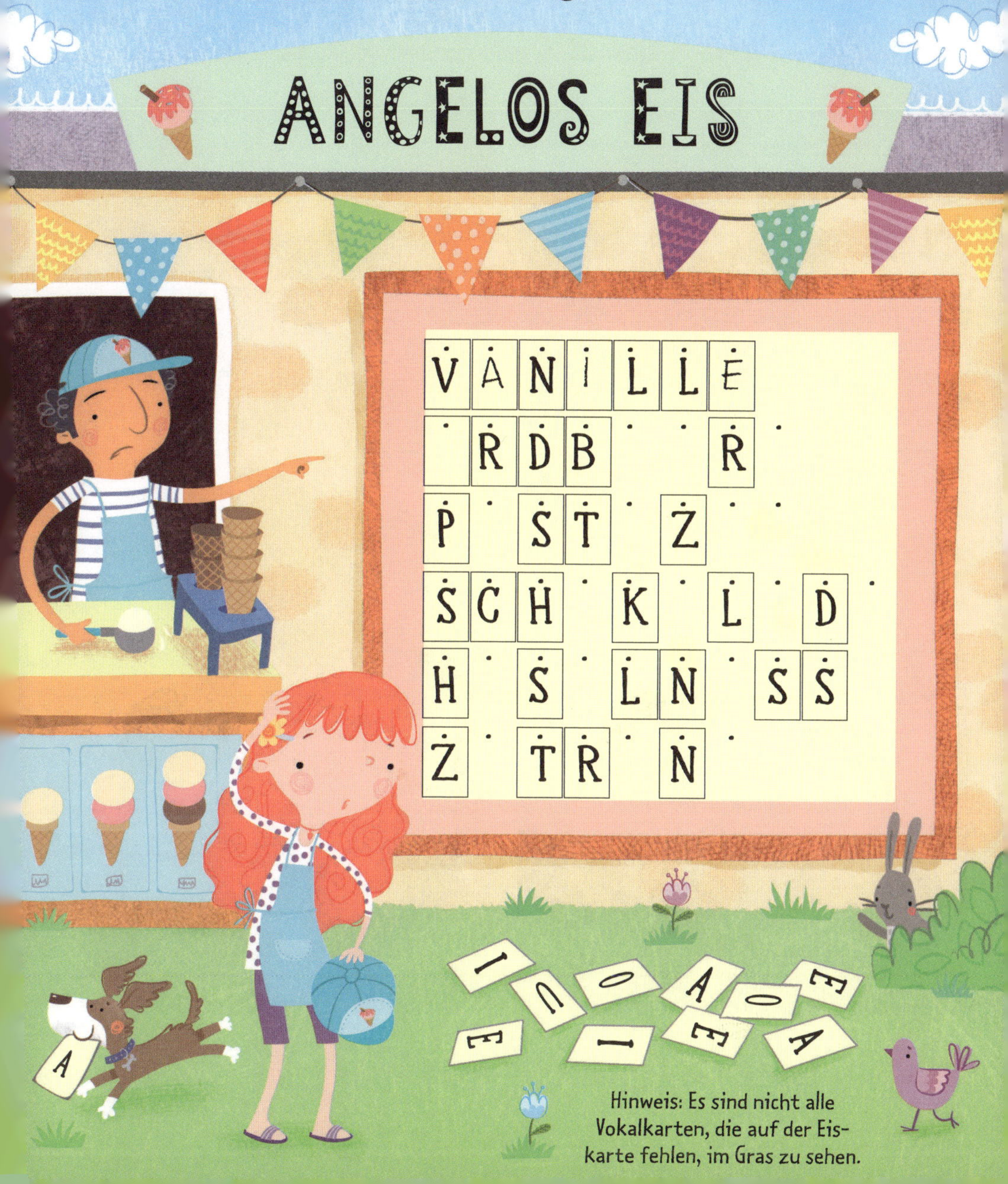
ANGELOS EIS
VANILLE
RDB R
P ST Z
SCH K L D
H S LN SS
Z TR N
I U O A O E E E I A A
A

Hinweis: Es sind nicht alle Vokalkarten, die auf der Eiskarte fehlen, im Gras zu sehen.

Findest du vier Unterschiede zwischen den Bildern?
Kreise sie ein.

Fülle das Raster so aus, dass jede Zeile und jede Spalte alle vier Symbole enthält.

Findest du vier Unterschiede zwischen den Bildern?
Kreise sie ein.

10

Findest du diese fünf Ausschnitte im Bild?
Kreise sie ein.

Kannst du Kara helfen, eine Route zu finden, die ihr 20 Punkte einbringt? Kreise die Flagge ein, die sie erreicht.

14

Paola packt ihren Koffer. Welchen Gegenstand nimmt sie gleich dreimal mit?

Paola

Folge der Leuchtspur der Raketen. Welches Feuerwerk ist noch nicht hochgegangen?

Was schwimmt im Tank? Male alle Felder aus, die mit grünen Punkten markiert sind, und schreibe die Lösung auf das Schild.

Wie hoch ist der Anteil an gepunkteten Schlangen im Terrarium?

18

Finde diese beiden Ausschnitte im Bild unten.

Findest du fünf Unterschiede zwischen den Bildern?
Kreise sie ein.

22

Lisa benötigt 20 Brombeeren für ihren Kuchen. Drei hat sie bereits. Zeichne den Weg ein, den sie nehmen muss, um die restlichen Beeren zu sammeln.

Kreise den Ausschnitt ein, der nicht im großen Bild zu finden ist.

25

Kannst du sechs Sandburgen so in das Raster zeichnen, dass in keiner Richtung drei in einer Reihe stehen?

Fallen mehr rote oder blaue Bonbons aus der Piñata?

Zeige Olli und Emma den Weg zum Zelt. Die Zeichenerklärung verrät dir, was bei jedem Hindernis zu tun ist.

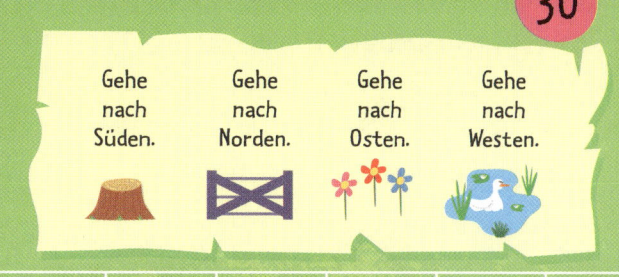

Gehe nach Süden.
Gehe nach Norden.
Gehe nach Osten.
Gehe nach Westen.

Olli und Emma

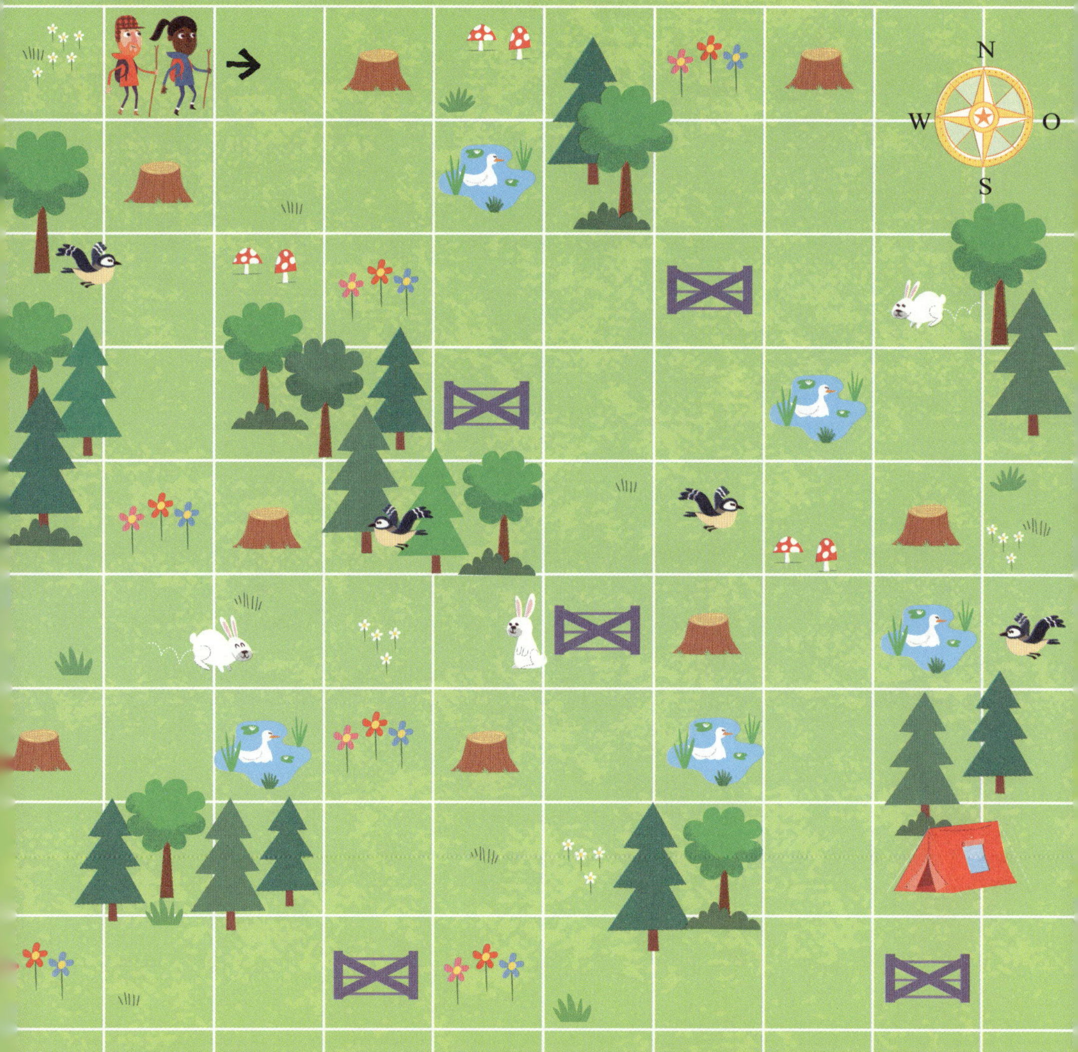
N
W
O
S

Male Streifen auf zwei T-Shirts, Punkte auf die Hälfte der übrigen und Zickzacklinien auf die Hälfte des Rests. Wie viele T-Shirts bleiben weiß?

Jeder dieser Vögel hat ein Küken.
Wie viele Vögel sind insgesamt im Vogelhaus?

36

Findest du vier Unterschiede zwischen den Bildern?
Kreise sie ein.

37

Kreise alle Wörter ein, die man nicht allein aus den Buchstaben des Wortes SANDBURG bilden kann.

Nimm das Raster zur Hilfe, um die andere Hälfte des Schmetterlings zu zeichnen.

Schreibe Zahlen auf die leeren Basketbälle. Jede Zahl soll dabei die Summe aus den beiden Zahlen darunter sein.

Was versteckt sich in diesem Bild? Male alle Felder aus, die mit einem roten Punkt markiert sind.

42

Findest du fünf Unterschiede zwischen den Bildern? Kreise sie ein.

43

Julius möchte das zerbrochene Mosaik reparieren. Kreise die Scherbe ein, die in die Bruchstelle passt.

Finde diese fünf Bildausschnitte und kreise sie ein.

Fülle das Raster so aus, dass jede Zeile und jede Spalte alle vier Symbole enthält.

Was versteckt sich in dem Bild? Male alle Felder aus, die mit einem orangefarbenen Punkt markiert sind.

51

Wie viele Taschen kannst du packen, die jeden Gegenstand von der Liste enthalten?

Hut
Sonnenbrille
Zwei Schläger
Einen Ball
Handtuch
Sonnencreme
Eimer
Wasserflasche

Findest du diese fünf Gegenstände im Bild?

Wem gehört welches Handtuch? Micha schwimmt gerne. Theo liebt es, Gezeitentümpel zu erforschen. Ella mag keine Strandsportarten.

Kreise die drei Ausschnitte ein, die ins große Bild passen.

56

Zähle die Schlüssel am Empfang, um herauszufinden, wie viele Zimmer frei sind. (Nicht alle Schlüssel befinden sich hinter dem Tresen.) Wenn Leo zwei Taschen in jedes freie Zimmer bringt, wie viele Taschen bleiben dann am Empfang zurück?

Findest du alle 13 Fehler auf Dianas Postkarte?

Wir haben eine wunderfolle Zeit hier auf der Innsel. Der Sand ist gans weich und das Mehr total klar. Am Mondtag waren wir am Rif schnorscheln und haben dort in den Korrallen viele bunte Fishe gesehn. Nächstes Mahl mußt du auch mitkommen! Alles Liebe, Diana

Frau K. Rabe
Gartenstraße 3
Neustadt
DEUSCHLAND

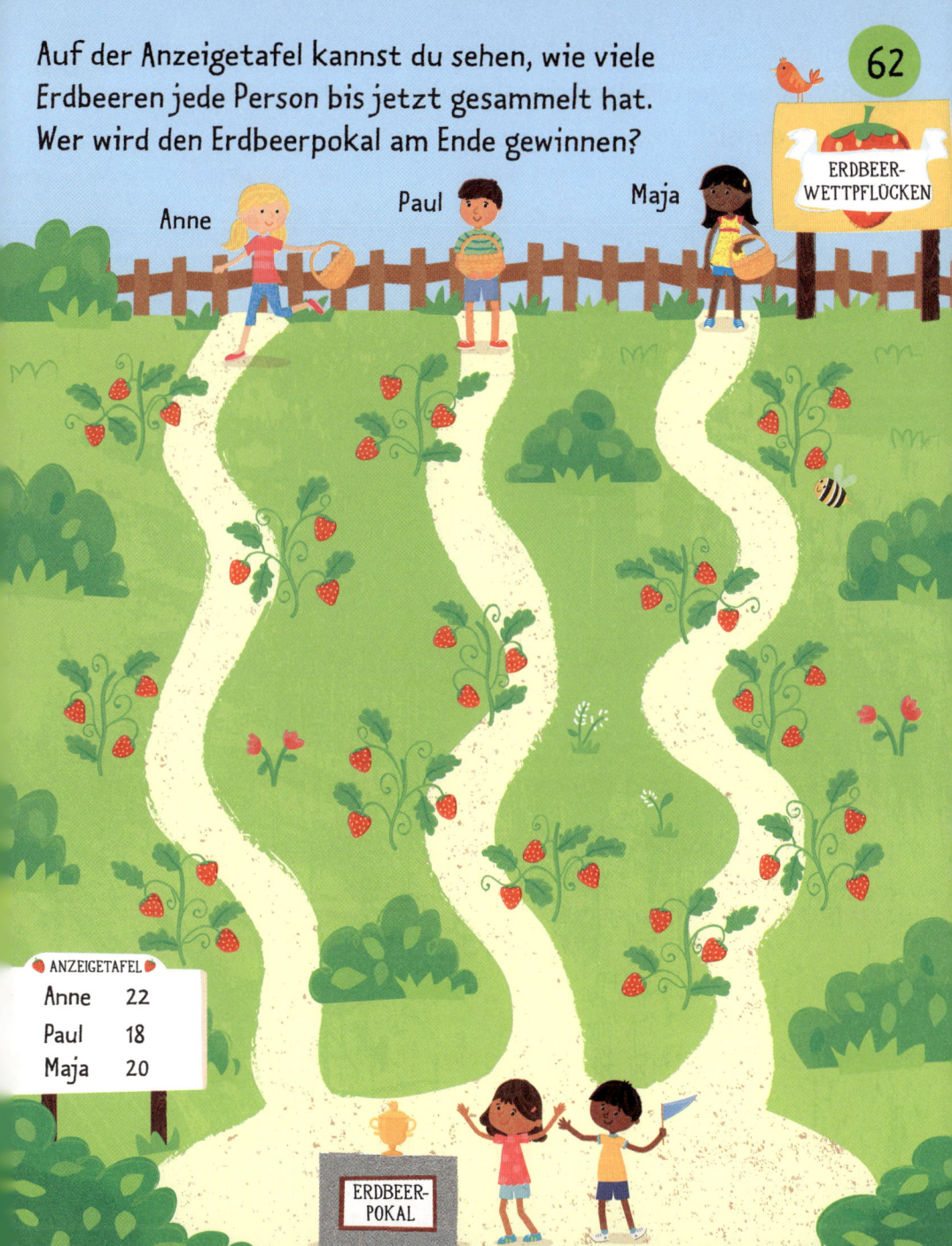

Welcher Kuchen gewinnt den Backwettbewerb? Er hat Schichten, die mit Sahne gefüllt sind, rosafarbenen Zuckerguss und bunte Streusel.

Findest du fünf Unterschiede zwischen den Bildern?
Kreise sie ein.

64

Der Heißluftballon kann pro Fahrt drei Personen befördern und eine Fahrt dauert eine Stunde. Wie lange dauert es, bis alle damit gefahren sind?

Male alle Felder mit violetten Punkten in einer dunklen Farbe und alle Felder mit blauen Punkten in einer helleren Farbe aus. Was siehst du?

Nutze die Symbole, um den Witz zu entschlüsseln:
Warum hat sich der Pharao Muster auf den Kopf rasiert?

Kreise die Person ein, deren Spaziergang beim Café endet, wenn sie diesen Anweisungen folgt:

1 Feld nach Osten, 1 Feld nach Norden, 3 Felder nach Westen, 3 Felder nach Süden, 3 Felder nach Osten, 1 Feld nach Süden, 1 Feld nach Osten, 2 Felder nach Norden.

Kreise das Gemälde ein, bei dem alles richtig gemalt wurde.

Wie viele Dreiecke kannst du im Bild zählen?

75

Findest du fünf Unterschiede zwischen den Bildern? Kreise sie ein.

76

Kreise alle Gegenstände ein, die es nur einmal gibt.

Auf welchem Parcours absolviert Marko das längste Training?

Gibt es im Terrarium genügend Fliegen, damit jeder Frosch eine abbekommt? Antwort: ....

Folge den Schnüren, um herauszufinden, wem welcher Drachen gehört. Kreise die Person ein, deren Drachenschnur gerissen ist.

Kannst du das Raster so ausfüllen, dass jedes Symbol in jeder Reihe, Spalte und in jedem Viererblock vorkommt?

Verbinde die Schilder auf beiden Seiten zu vollständigen Wörtern.

Was flattert da zwischen den Blumen herum? Verbinde die ungeraden Zahlen der Reihe nach, um es herauszufinden.

89

Im Trampolinpark wechseln die Kinder alle fünf Minuten zum nächsten Trampolin. Wie lange dauert es, auf allen Trampolinen zu springen?

Findest du fünf Unterschiede zwischen den Bildern? Kreise sie ein.

94

Kannst du alle Wörter im Buchstabengitter unterbringen?

EIS LEINWAND LIMO KINOKARTE SPIELFILM POPCORN

Finde diese beiden Ausschnitte im großen Bild.

97

Zähle die Flaggen, an denen Lola vorbeikommt. Die Angaben auf der Tafel verraten dir, wie lange sie für die Strecke braucht.

99

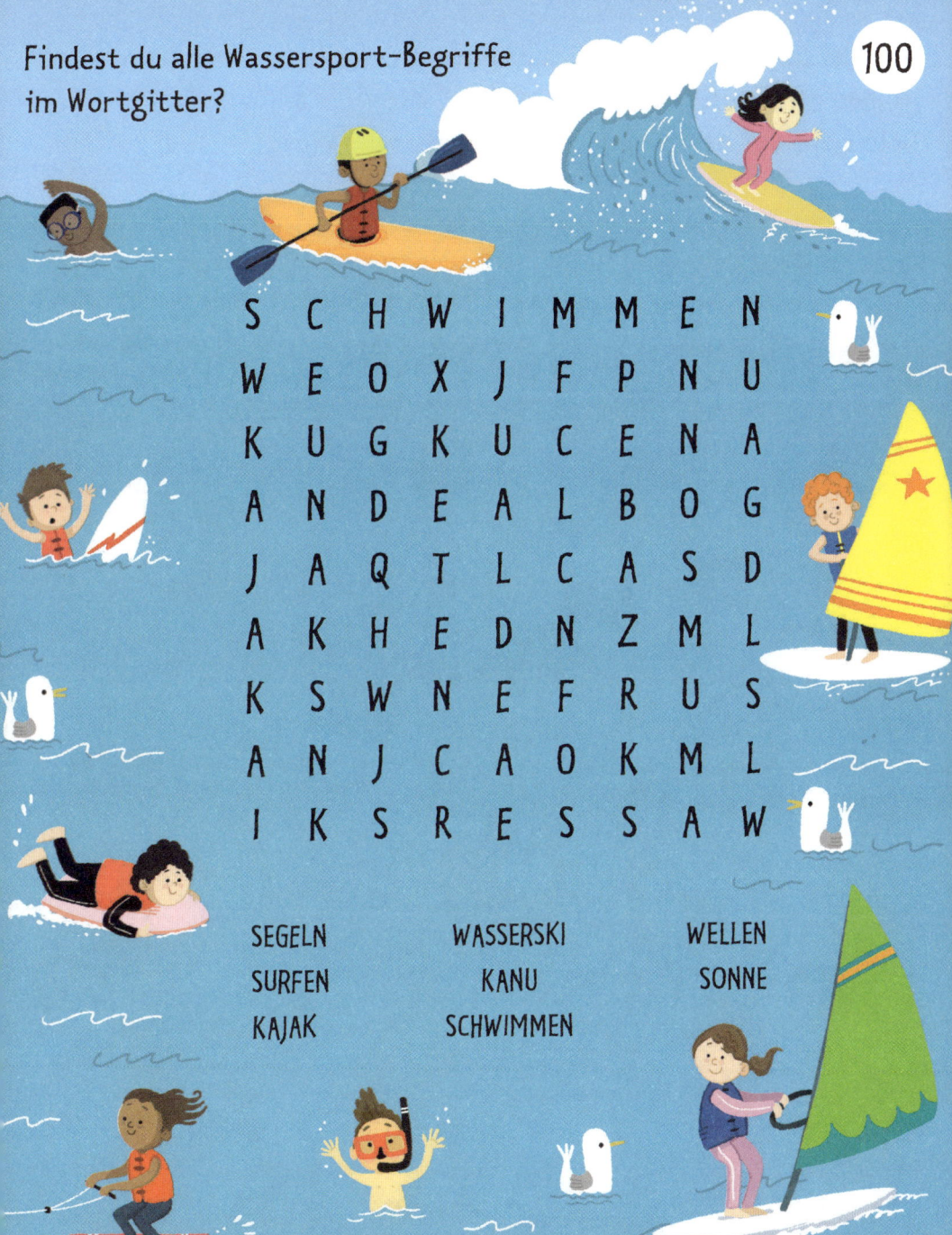

Hunde, Katzen, Hasen und Mäuse haben vier Beine, Vögel haben zwei und Fische haben keine. Wie viele Beine haben alle Tiere auf der Sommer-Tiershow zusammen?

Kannst du das Kreuzworträtsel lösen?

102

Waagerecht:
1. Wer kein Meer vor der Tür hat, kann dort baden gehen. (10 Buchstaben)
3. Das entsteht, wenn es regnet und gleichzeitig die Sonne scheint. (10)
7. Hat man bei einem Ausflug am besten immer dabei, um sich nicht zu verlaufen (9)
9. Eine kleine Mahlzeit für unterwegs (6)
10. Eine kleine grüne Gartenfrucht (5)
11. Lebensraum für Fische, Frösche und Libellen (5)
12. Blumen haben sie in allen Formen und Farben. (7)

Senkrecht:
1. An den Zehen offener Sommerschuh (7)
2. Eine große Fläche mit Wasser (4)
3. Hat vier Hufe und ist schnell wie ein Blitz (9)
4. Kühlt die Haut nach einem Sonnenbad (3)
5. In den Schulferien hat man es den ganzen Tag. (4)
6. Rote Sommerfrüchte, die an Bäumen wachsen (8)
8. Von Wasser umgebenes Land (5)

Im Bowlingcenter gibt es 42 Paar Schuhe, die sich die Gäste ausleihen können. Wenn sie nicht verliehen sind, werden sie am Eingang aufbewahrt. Wie viele Paare werden gerade getragen?

Auf der Anzeigetafel siehst du, welches Team beim Sportfest welches Spiel gewonnen hat. Kannst du den Punktestand vervollständigen, indem du die fehlenden Zahlen ergänzt?

107

	Eierlaufen	Dreibein-Lauf	Sackhüpfen	GESAMT
Die rasenden Roten	20	18	17	
Die blitzschnellen Blauen		27		70
Die genialen Grünen	15		25	60
GESAMT	55			

Kreise die drei Teile ein, die ins große Bild passen.

110

Findest du alle Zutaten für einen sommerlichen Smoothie im Wortgitter?

111

ORANGE   WEINTRAUBE   MANGO
MELONE   BANANE   HIMBEERE
APFEL   ERDBEEREN   MÖHRE
BIRNE   KIRSCHE

Die Künstler brauchen noch mal genauso viele Hand- und Pfotenabdrücke, um ihr Gemälde fertigzustellen. Wie viele Abdrücke werden am Ende zu sehen sein?

Fülle die leeren Quadrate so aus, dass jeder Block, jede Zeile und jede Spalte alle Buchstaben des Wortes SCHLAG enthält.

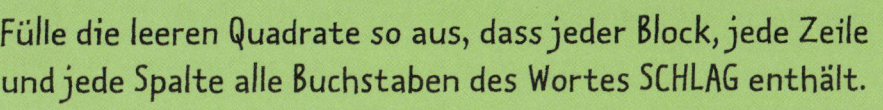

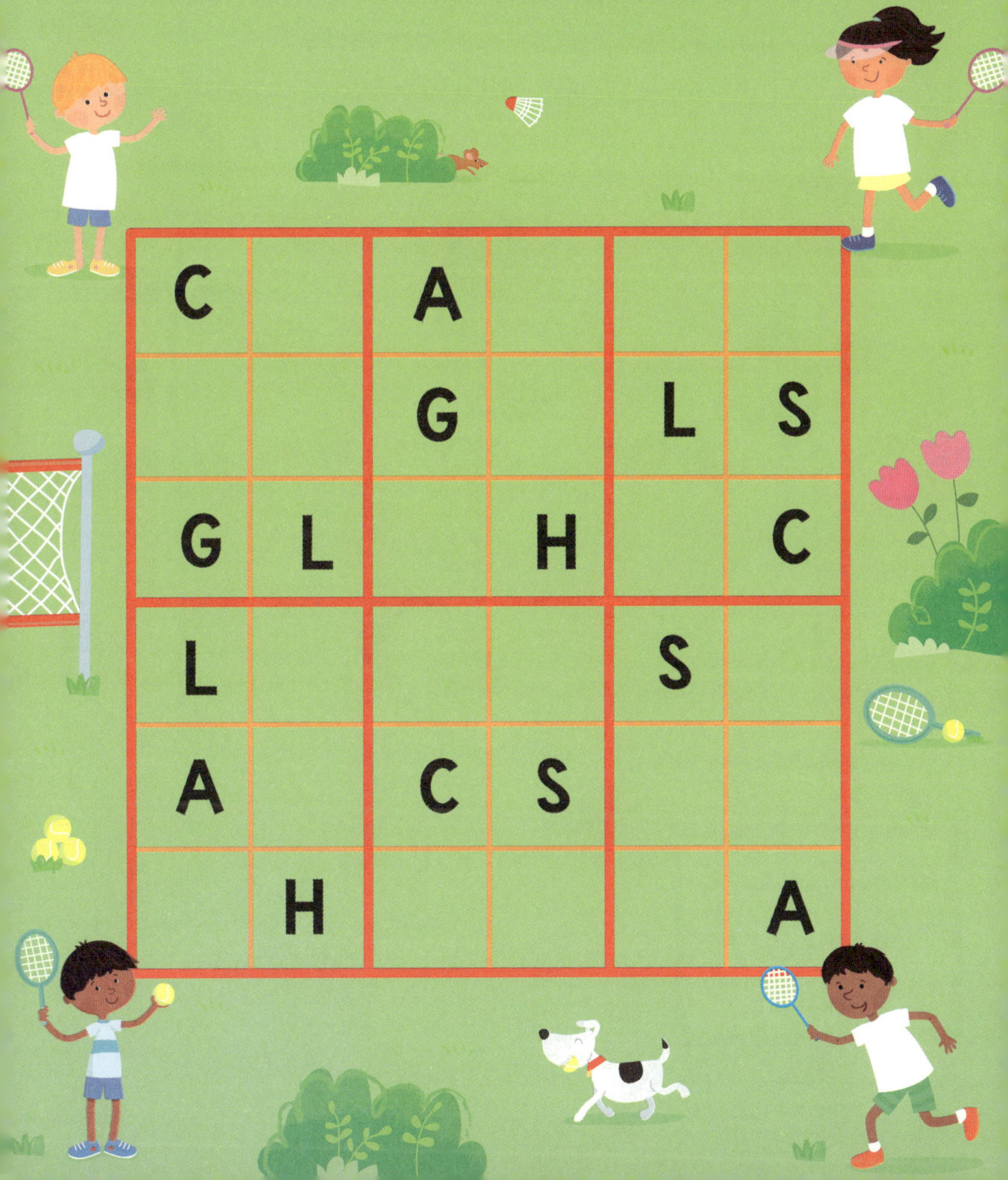

Tims Sonnenblume war beim letzten Messen vier Handbreit hoch, ist inzwischen aber sechsmal so groß. Tamaras Sonnenblume war fünf Handbreit hoch und ist jetzt viermal so groß. Die Höhe von Theos Blume liegt genau in der Mitte. Wie viele Handbreit hoch ist jede Sonnenblume?

Tim ....
Theo ....
Tamara ....

In der ersten Runde beim Bowling…
… hat Hilda alle ihre Kegel umgeschmissen.
… hat Adrian drei Kegel mehr als Rico umgeworfen und doppelt so viele wie Sina.
… warf Rico halb so viele Kegel um wie Hilda.

Schreibe den jeweiligen Punktestand der Kinder neben ihre Namen.

Rico: ….

Hilda: ….

Sina: ….

Adrian: ….

Trage die fehlenden Zahlen in die leeren Felder ein.

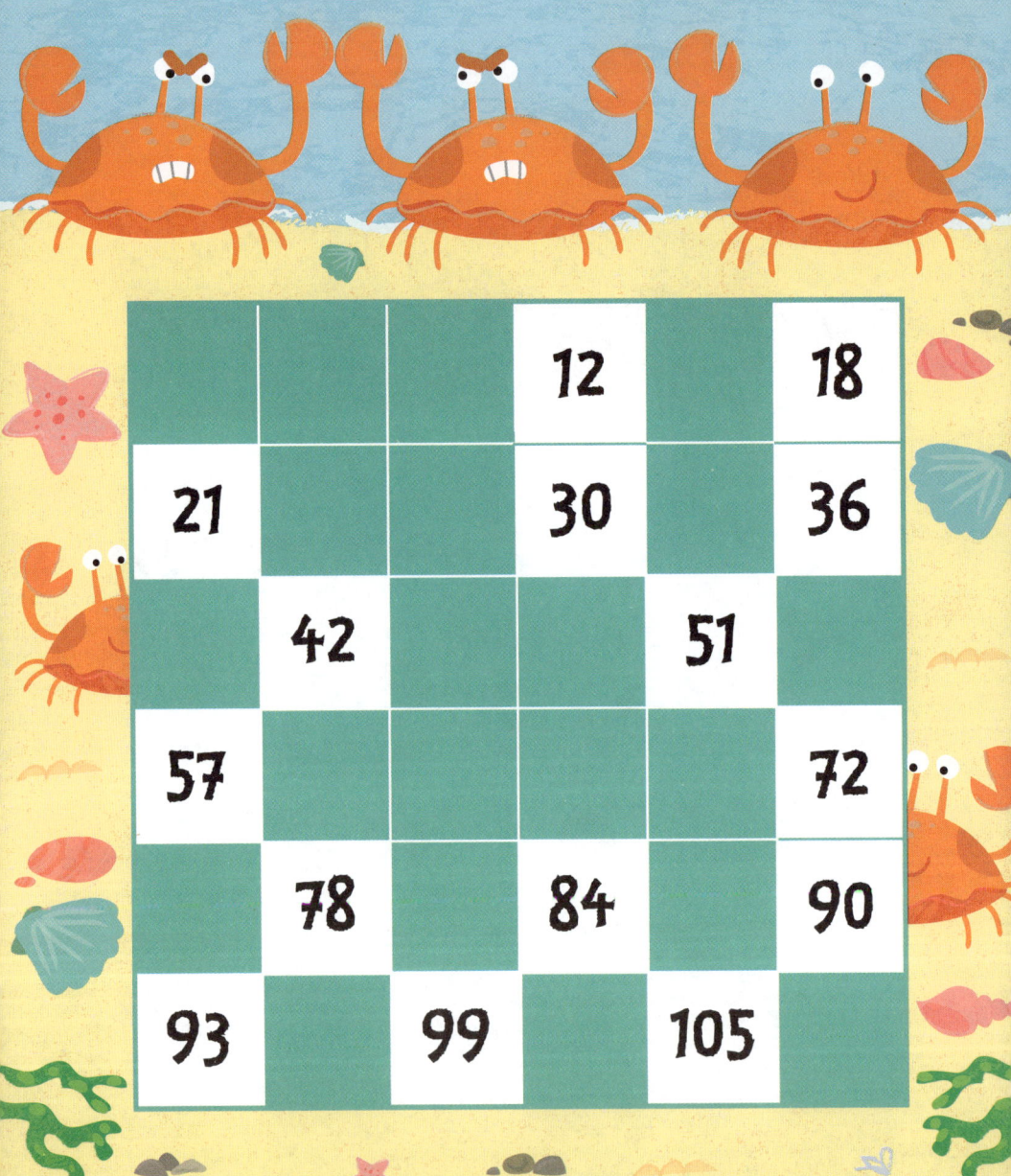

Finde diese fünf Ausschnitte im großen Bild und kreise sie ein.

Findest du alle Flughafen-Begriffe im Wortgitter?

121

ROLLFELD
HANGAR
LANDEBAHN
ABFLUG
PILOT
WINDSACK
ZOLL
PASSAGIER

P	A	S	S	A	G	I	E	R	U	N	P
L	N	E	M	K	C	A	S	D	N	I	W
C	R	O	L	L	F	E	L	D	V	G	M
F	N	H	A	B	E	D	N	A	L		
N	I	A	Q	K	T	C	B	F	X		
C	A	N	Y	L	D	F	G	P	D		
O	G	T	O	L	I	P	U				
E	A	W	U	H	O	L	R				
J	R	G	E	M	S	Z	B				

Findest du fünf Unterschiede zwischen den Bildern? Kreise sie ein.

Gibt es genügend Zutaten, um fünf Geburtstagspizzen so zu belegen, dass sie wie die auf dem Poster aussehen?

Findest du alle Blumennamen im Wortgitter?

127

```
K N A R Z I S S E R
R S I E Y D E L M S
A O J K H L B I C U
R Z S L P E T L P K
E G D E H M L I L O
B F A N K I O E I R
R N R X B R G H C K
E F J S A P Q U N E
G E H T N I Z A Y H
O N E H C L I E V W
```

ROSE PRIMEL MOHN
VEILCHEN NARZISSE LILIE
KROKUS GERBERA NELKE
HYAZINTHE

Wie oft steht das Wort SONNE hier geschrieben?
Es kann waagerecht und senkrecht geschrieben sein.

129

Antwort: ....

Kreise die tanzende Person ein, deren Schatten auf der Leinwand zu sehen ist.

Auf der Anzeigetafel siehst du, wie viele Punkte die Bogenschützen erzielt haben. Finde heraus, wer die meisten Punkte erreicht hat, indem du die fehlenden Zahlen einträgst. Schreibe dann die Platzierungen in die Zielscheiben.

	Rosi	Anja	Zoe	Levi	Gesamt
Pfeil 1	2	4		2	18
Pfeil 2	8	10	6		30
Pfeil 3	4			8	
Gesamt		24	22		

Jeder Pelikan hat drei Fische aus dem Wasser geschöpft. Ella hat vier geangelt und Ali zwei. Wie viele Fische wurden insgesamt gefangen?

133

Mit einer Tüte Schnatter-Leckerlis kann man drei erwachsene Enten oder sechs Entenküken füttern. Wie viele Tüten muss Mila kaufen, um alle Enten im Bild zu füttern?

Antwort: ....

Für jeden Ballon, den Laura aufbläst, bläst Finn zwei auf.
Wie viele Ballons hat jeder von ihnen Lina gegeben?

Laura: ....
Finn: ....

Jeder Käfer hat sechs Beine.
Wie viele Beine haben alle zusammen?

136

Kreise ein: zwei Hasen, drei Bälle, vier Vögel und sechs Sterne.

Findest du fünf Unterschiede zwischen den Bildern? Kreise sie ein.

Lösungen

Ja

Drei

Lösungen

Oktopus/Krake

Die Hälfte ($\frac{1}{2}$)

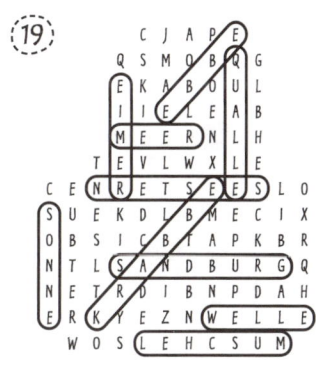

Lösungen

(20)

(24)

(27) Mehr rote Bonbons

(28) Käfer, Spinne, Ameise, Schnecke, Mücke, Wurm, Biene, Wespe

(21)

T-Shirts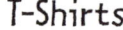

(25)

(29)

(22)

(26)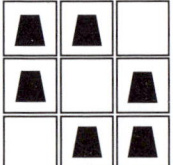

oder

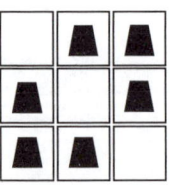

14 Mohrrüben

(23)

(30)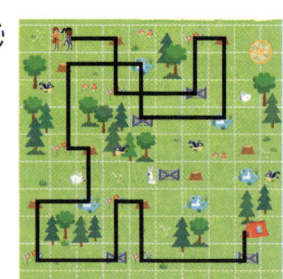

Lösungen

31

34 44 Beine
(4 Ponys,
1 Hund,
1 Katze,
2 Mäuse,
1 Huhn,
3 Küken,
2 Vögel)

37

32

35 Zwei T-Shirts

38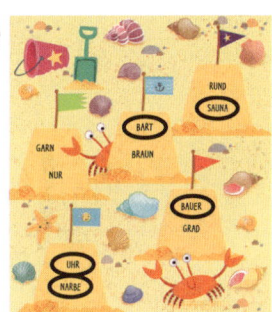

33

36

24 Vögel

39

Lösungen

44 LILIE, NELKE, TULPE

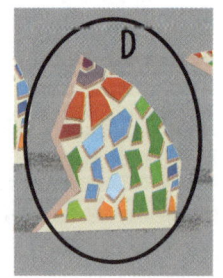

Lösungen

(50)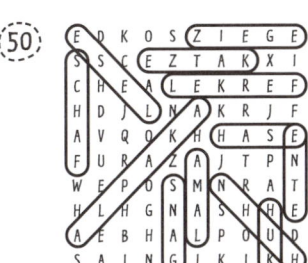

(54)

(59)

(51)

(55)

(60)

(52) Vier Taschen

(56)

(57) 3

(53)

(58) wunderfolle, Innsel, gans, Mehr, Mondtag, Rif, schnorscheln, Korrallen, Fishe, gesehn, Mahl, mußt, DEUSCHLAND

(61)

Lösungen

 Maja

 Vier Stunden

 Er schrieb in Haaroglyphen.

Lösungen

(81) Ja

(82) SANDBURGEN, SURFBRETT, EIMER, MEER, SAND, SONNE, EISCREME, HUT

(75) 37 Dreiecke

 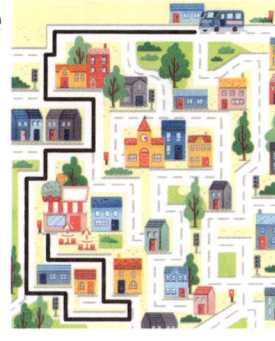

(77) Ja

 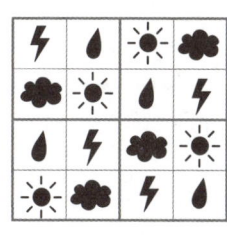

Lösungen

(85)

(88)
BLAU – BEERE
WOCHEN – ENDE
HUNDE – LEINE
SPIEL – PLATZ
SONNEN – SCHEIN
FREUND – SCHAFT
GUMMI – STIEFEL
REGEN – BOGEN

(92)

(86)

(89)

(93)

(90)

(94)

(87)

(91) 45 Minuten

(95)

Lösungen

 27 Sekunden

Stella

 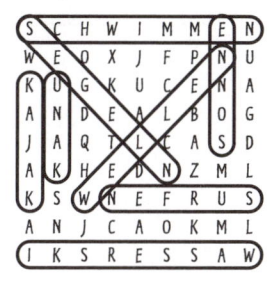

 38 Beine

 30 Paare

Lösungen

	Eierlaufen	Dreibein-Lauf	Sackhüpfen	GESAMT
Die rasenden Roten	20	18	17	55
Die blitzschnellen Blauen	20	27	23	70
Die genialen Grünen	15	20	25	60
GESAMT	55	65	65	185

C	S	A	L	G	H
H	A	G	C	L	S
G	L	S	H	A	C
L	C	H	A	S	G
A	G	C	S	H	L
S	H	L	G	C	A

108 ZIELLINIE

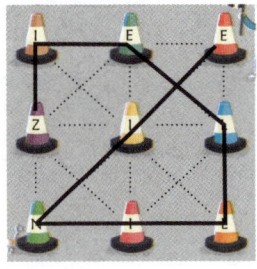

112 26 Abdrücke (12 Handabdrücke und 1 Pfotenabdruck, also werden es insgesamt 26 Abdrücke sein, wenn das Gemälde fertig ist.)

Tim:
24 Handbreit
Theo:
22 Handbreit
Tamara:
20 Handbreit

Spukschloss — Wilde Maus — Riesenrad

Lösungen

117 Rico: 5
Hilda: 10
Sina: 4
Adrian: 8

124 Nein

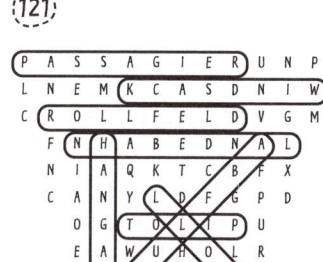

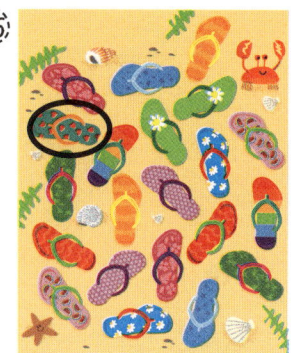

126 Janina gewinnt.
(Janina: 160,
Ingo: 165)

Lösungen

127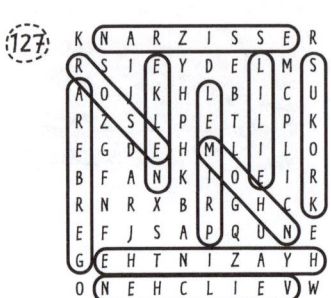

128 In der Waffel

129

20-mal

130

131 40 Minuten (Jede Person kann sich zwei Surfstunden leisten.)

132

133 Es wurden 18 Fische gefangen.

134

Vier Tüten (sechs erwachsene Enten und acht Küken)

135 Laura: 5
Finn: 10